KB202476

송명희 베스트시집

공평하신 하나님

송명희 베스트시집

공평하신 하나님

송 명 희 지음

드림북

에필로그

1963년, 어느 초여름 나는 태어났다.

어머니의 양수가 터져 아홉 달 만에 세상에 나온
나는 여물지 못한 계란처럼 힘없이 살다가
생후 일주일쯤 지난 하루 저녁 동안 숨이 멈추었다.
그래서인지......나는 뇌성마비 장애인의 삶을 살게 되었다.

자유롭지 못한 몸과 가난한 집안 살림에,
여러 가지 억누르는 환경들이 나를 날마다 서글프게 했지만...
그 속에서 17세의 방황과
설레이던 가슴으로 하나님을 만나서
사는 목표를 가졌다.

초등학교 문턱조차 밟지 못한 나에게
하나님은 시를 불러 주셨다.

그리고 1985년 매스컴을 통해 나는 세상에 알려졌고
저서 28권을 써 하늘의 시인으로 불리워졌다.

그러나 무리한 활동으로 목 디스크를 얻어 전신 마비가 되었고
온 몸의 통증으로 시달리고 있다.

차 례

제 1 부 그이름

제 2 부 **성령이 하셨네**

제 3 부 하나님을 기억하라

제 4 부 쓴 잔

제 6 부 기독신문 연재 기도문

제 7부 노트북으로 만 3년만에 쓴 시와 글들

제1부

그이름

예수
그 이름
나는 말할 수 없네
그 이름 속에 있는
비밀을
사랑을
그 사랑을 말할 수 없어서
그 풍부함 표현 못해서
비밀이 되었네

사람들
그 이름
건축자의 버린 돌처럼 버렸지만
내 마음에 새겨진 그 이름은
아름다운 보석
내게 있는 귀한 비밀이라
내 마음에 숨겨진 기쁨

사랑하고 싶어라

주님을
　사랑하고 싶어라
　　내 마음 다하여
　　모든 것 다하여
　　　그 무엇보다 더
　　　그 누구보다 더
　　　내 마음 뜨겁도록
　　타오르는 불길보다 더 뜨겁게
　　　그리하여 그리하여
　　　　내 마음이
　　　내 속에서 녹기까지
　　　　사랑하고 싶어라
　　　　　변함없이
　　　　　영원히

〈시1집〉

내가 주를 사랑하는 줄을 주께서 아시나이다〈요21:17〉

그 사랑

세상에서 가장 아름다운 것이 무엇인가
나에게는 귀하고 아름다운 보석이 있다.
나의 마음 깊은 곳에 새겨져 있는
예수의 그 놀라운 사랑은
말로 다 할수 없고
나타낼 수 없는
신기한 보석이다
나의 심령 깊은
곳에 감추어져서
나는 그 보석을
잊어버릴 때가 있지만
예수의 그 사랑은 다시금
나를 붙들어 주신다
잊을 수 없는 그 사랑
말로 다할 수 없는 그 사랑
세상의 모든 것과 비교할 수 없다

〈시5집〉

이 비밀은 만세와 만대로부터 옴으로 감취었던 것인데.....〈골1:26〉

나 그와 함께

예수의 피
내 안에
흐름이여
그가 흘려주신 피 마심으로
나 그와 함께 하노라
예수의 살
내게 있음이여
그가 떡이 되심으로
나는 먹었고
그가 나와 함께 계시니
나 그와
함께 있노라
예수의 흔적이
나에게
새겨짐이여
그의 십자가를 짊어짐으로
나 그와
함께 거하노라 〈시11집〉

그리스도의 보배로운 피로 한 것이니라(벧전1:19)

그 이름

예수
그 이름
나는 말할 수 없네
그 이름 속에 있는
비밀을
사랑을
그 사랑을 말할 수 없어서
그 풍부함 표현 못해서
비밀이 되었네
사람들
그 이름
건축자의 버린 돌처럼 버렸지만
내 마음에 새겨진 그 이름은
아름다운 보석
내게 있는 귀한 비밀이라
내 마음에 숨겨진 기쁨

〈시2집〉

하나님의 비밀인 그리스도를 깨닫게 하려 함이라〈골2:2〉

내 안에 있는 그 이름

내 안에 있는 예수 그 이름
세상과는 비교할 수 없네
그 이름의 아름다운 사랑이
어두움에 있던 나를
빛으로 인도하셨네
그 이름은 나에게 놀라운
권세를 주심으로
내가 모든 것을 이기네
그 이름에 내가 거하고
그 이름의 사랑이
내 안에 있네
그 이름 안에서
내가 영원히 살기 원하네

〈시7집〉

구원을 얻을 만한 다른 이름을 우리에게 주신 일이 없음이라〈행4:12〉

아름다운 그 이름

예수
가장 아름다운 이름
이보다 더
아름다운
이름없네
　그 이름 마음에 있으면
　생명을 얻네
예수 아름다운 그 이름
예수 사랑스런 그 이름
　예수
오직 살아 있는 그 이름

〈시11집〉

하나님이 그를 지극히 높여.... 뛰어난 이름을 주사 〈빌2:9〉

예수 이름이여

예수
　아름다운 이름이여
　　예수
　　　존귀하신 이름이여
　　　　예수
　　　　　영화로운 이름이여
　　　　　예수
　　　　　　노래하는 이름이여
　　　　　　예수
　　　　　　　믿을 만한 이름이여
　　　　　　　　예수
　　　　　　　　권세 있는 이름이여
　　　　　　　　　예수
　　　　　　　　　모든 것 되시는 이름이여

〈시11집〉

예수 그리스도를 주라 시인하여 하나님 아버지께 영광을… 〈빌2:11〉

주의 이름으로

주의 이름으로 기뻐합니다
주의 말씀으로 거룩합니다
주의 열심으로 행동합니다
주의 사랑으로 봉사합니다
주의 믿음으로 살아갑니다
주의 능력으로 기도합니다
주의 표적으로 신뢰합니다
주의 하심으로 하게됩니다
주의 생명으로 부활합니다
주님의 모든 것으로
주께 감사하며
주님으로
찬양합니다

〈시9집〉

하나님의 각양 은혜를 맡은 선한 청지기 같이 서로 봉사하라〈벧전4:10〉

공평하신 하나님

죄인은 다 죽어야 한다!
죄인을 심판하시는 공의의 하나님!
그러나 사람들을 용서하고 싶으신 사랑의 하나님!
무조건 다 덮어주고, 다 덮어놓고 사랑하신 것이 아니라
죄의 대가를 지불하고 죄인을 받으신
십자가의 은혜!
하나님은 율법과 용서를 다 이루신 공평하신 하나님!

구원과 심판은 누구에게나 공평하게 돌아가는 것!
예수 그리스도를 믿으면 빈부귀천 남녀노소 다
공평하게 구원을 받고
예수 그리스도를 믿지 않으면 동일하게 심판을 받는 것!

흔히들 나 없는 거 너에게 있고
비장애인이 못하는 일을 장애인이 해서
공평하신 하나님이라 생각하지만
예수 그리스도를 통해 하나님은 공평하신 분!
이것이 비밀이며 복음이다.
이 은혜는 아무나 아는 지식이 아니었다.

나

나 가진 재물 없으나
나 남이 가진 지식 없으나
나 남에게 있는 건강 있지 않으나
나 남의 갖고 있지 않은 것 가졌으니
나 남이 보지 못한 것을 보았고
나 남이 듣지 못한 음성 들었으며
나 남이 받지 못한 사랑 받았고
나 남이 모르는 것 깨달았네
공평하신 하나님이
나 남이 가진 것 나 없지만
나 남이 없는 것을 갖게 하셨네

1983년 20대 초반 시를 쓰면서도
그 이후 1985년 찬양으로 만들어져
수없이 듣고 불렀어도
공평하신 하나님을 모르다가
그 뜻을 점차 알게 되었다,

공산품 공장 제조기처럼
다들 똑같이 잘 살아야
공평함은 아니며
천국에서도 우리는
각자 받을 영광이 다를 것이다.

그와 내게는

그와 내게는 어두움이 없음이여
그와 내게는 어두움이 있을지라도
　　　그 어두움은
그와 내게 아무것도 가리지 못하며
그 캄캄함은 밝은 햇빛 속 같음이여
그와 내게는 아무 비밀이 없으며
그와 내게는 아무꺼리는 것이 없고
그와 내게는 아무 담이 없으며
그 담이 있을지라도
그 담은 곧 무너지리라
　　　그 아름다우신 음성
　　　그 부드러운 말씀은
내 마음의 겨울을 녹이시어
　꽃이 가득한 봄의 나라로 이끌어서
　　그 좋은 천국을 이룩하며
　　　그리운 하나님 나라 바라게 하네
　　　그 모습은 각색 꽃들보다 아름다워라

〈시2집〉

주에게는 흑암과 빛이 일반이니이다〈시139:12〉

그 사랑에는

그 사랑에는 눈물이 있다
그 사랑에는 피가 있다
그 사랑에는 젊음의 정열보다 더한 뜨거움이 있다
그 사랑에는 감동과 느낌
그리고 믿음이 있다
그 사랑에는 향기로운 냄새가 물씬 들어 있다
그 사랑에는 고통과 아픔을 소화하는 불길이 있다
그 사랑에는 태양의 빛보다 더 진한 빛이 있다
그 사랑에는 남녀의 애정과 비길 수 없는 진동함이 있다
그 사랑에는 수 놓은 화려함이 있다
그 사랑에는 먼 것을 볼 수 있는 소망의 눈이 있다
그 사랑에는 위로의 목소리가 있다
그 사랑에는 미래의 아름다움이 있다

〈시2집〉

가까이 오사 성을 보시고 우시며〈눅19:41〉

주님은 우리의

연약하여 상한 갈대를 꺾지 않으시고
주님의 강한 허리를 굽히셨습니다
　　꺼져가는 심지의 등불을 끄지 않으시고
주님의 영원한 사랑의 불길을 태우셨습니다
　　땅만 버리는 못된 나무를 찍지 않으시고
　　십자가에 못 박히어 거름이 되셨습니다
　　　　　메마른 우리의 심령을 기경하려고
　　　　주님의 몸이 채찍으로 상하여지셨습니다
　　잘리움을 당할 우리의 손과 발을 자르지 아니하신 주님은
주님의 손과 발에 크나큰 구멍을 내셨습니다
　　베임을 받을 우리를 대신하여
주님의 생명이 베임을 받으셔서
　　　　그루터기 되셨습니다

주님은 우리의 영원함이 되어 주셨습니다
주님은 우리의 찬양이 되어 주시고
주님은 우리의 생명이 되어 주셨습니다

　　　　　　　　　　　　　　　　〈시3집〉

ーーーーーーーーーーーーーーーーーーーーーーーー
그를 능욕하며 채찍질하며 십자가에 못 박게 하리니〈마20:19〉

내가 너를 대신해

내가 너를 대신해 맞는 것이
네가 채찍에 맞는 것 보다 나아서
내가 너의 고통을 담당하였노라

내가 너를 위하여 버리움은
네가 지옥에 가는 것 보다 나아서
내가 너의 버림을 경험하였노라

내가 너를 인하여 죽는 것은
네가 영원히 죽는 것 보다 나아서
내가 너의 죽음을 소유하였노라

〈시3집〉

그가 채찍에 맞음으로 우리가 나음을 입었도다〈사53:5〉

그가 눈물을

그가 눈물을 흘리실 때
나는 웃음을 지었고
　　그가 슬픔이 있어 슬퍼하실 때
　　　나는 많은 기쁨으로 즐거워하며
　　　　　그가 고통을 당하실 때에
　　　　　나는 평안히 안식하였네
　　나는 그의 아픔을 알지 못하였고
　　나를 위하여 담당하신 질고를
　　나는 진정 알지 못했노라
계속되는 채찍질과
십자가에 못 박히심의 그 사랑을
나는 모르고 있었노라
　　　　　그가 자기의 살을 찢으실 때
　　　　　나는 배부르게 먹었고

그가 자신의 피를 흘리실 때는
　　　　내가 흡족히 되려고 마시었으며
　　　　　　그가 죽임을 당하실 때에
　　　　　나는 영원히 살기를 원하면서
　　　　　그의 괴로움을 나는 알지 못했으나
　　그는 나의 모든 것을 아시었으며
　　나의 부족함을 넘치도록 채우시네

〈시3집〉

성을 보시고 우시며〈눅19:41〉

내가 너를 사랑하는 그 사랑이

내가 너를 얼마나 사랑하는지
　너를 사랑하므로
　　나의 눈에서 눈물이 흐르고
　　　내가 너를 긍휼히 여김으로
　　　　나의 가슴이 찢어짐이여
　　　　　　너의 십자가를
　　　　　　내가 짊어지는 것이 괜찮았고
　　　너의 당할 형벌과 무서운 저주를
　　　내가 담당하기를 원하였다
내가 너를 사랑하는
　　그 사랑이
나를 십자가에 못 박고
　　　　너를 향한 나의 은혜가
　　　　나를 죽게 하였다

사망에 매인 너를
자유 하게 하려는
나의 열심이
나를
다시 살게 하였고
너에게 영생을 주게 하였다

〈시6집〉

내가 스스로 버리노라〈요10:18〉

대필자의 한마디- "너를 사랑하는 그 사랑이 나를 십자
가에 못 박고 나의 은혜가 나를 죽게 하였다"가 포인트
가 된다 주님의 사랑과 은혜가 결국 주님을 죽으시게 한
것이다

바라바와 같은 나

바라바와 같은 나는
십자가에 못 박히어
영원히 죽어야 했었는데
바라바와 같은 죄인의 자리에
죄가 없으신 예수님이 계시네
바라바와 같은 나를 죽여야 하는데
나는 바라바와 같은 나를 죽이라 하지 않고
죄와 상관 없으신 예수님을
죽이라고 고소하였네
예수님이 바라바와
같은 나를 살리셨으니
예수님을 위해
나 살기
원하네

〈시6집〉

이 바라바는 성중에서..... 살인을 인하여 옥에 갇힌 자러라〈눅23:19〉

예수

예수 죄인들에게 잡히실 때에
　　의가 악으로 바뀌었고
예수 신문 당하실 때는
　　악이 의로 변하였네
예수 능욕을 받으실 때는
　　정직이 숨긴 바 되었으며
예수 채찍에 맞으실 때에
　　옳은 생각이 없었네
예수 십자가 지실 때가
　　세상의 불의가 넘칠 때요
예수 십자가에 달리실 때
　　어두움뿐이었으며
예수 숨지실 때에는
　　빛이 없었네
　　　　　　예수 죽으심으로
　　　　　　　아무 아름다운 것이 없었으나
　　　　　　예수 다시 사심으로
　　　　　　　부활의 빛을 비추시네

〈시6집〉
───────────────────────────────
이제는 너희의 때요 어두움의 권세로다〈눅22:53〉

모 습

고통 하는
욥의 모습은
십자가의
주님의 모습이요
십자가의
주님의 모습은
형벌 받을
우리의 모습이다

〈시10집〉

나의 기운이 쇠하였으며..... 무덤이 나를 위하여 예비되었구나〈욥17:1〉

나를 주었고

내가 너를
사랑하기에
나를 주었고
너의 손과 발을 대신하여
나의 손과 발을 십자가에
못 박았도다
나의 영광은
너를 향한
나의 사랑이요
나의 기쁨은
네가 나에게
돌아오는 것이라

〈시10집〉

예수는 우리 범죄함을 위하여 내어 줌이 되고..... 〈롬4:25〉

너를 향한

나에게 너를 향한
사랑이 없었던들
내가 내 몸을 버리지 않았으리라
너를 향한 그 사랑이
나의 몸을 아프게 하였구나

나에게 너를 향한
은혜가 없었다면
내가 네 죄를 용서치 않았으리라
너를 향한 내 은혜가
너의 죄를 깨끗게 하였도다

〈시10집〉

너희가 은혜로 구원을 얻은 것이라〈엡2:5〉

예수의 죽으심으로

예수의
죽으심으로
나
죽기 원하고
예수의
부활하심으로
나
살기 원하네

〈시11집〉

그런즉 이제는 내가 산 것이 아니요〈갈2:20〉

그리스도의 부활하심으로

그리스도의
　　부활하심으로
　　　어두움에서
　　　　빛으로
　　　　　슬픔에서
　　　　　　기쁨으로
　　　　　　　매임에서
　　　　　　　　자유로움을
　　　　　　　　　의심함을
　　　　　　　　　　믿음으로
　　　　　　　　　　　욕됨을
　　　　　　　　　　　　영광으로
　　　　　　　　　　　　　죽음을
　　　　　　　　　　　　　　부활로
　　　　　　　　　　　　　　　변하게
　　　　　　　　　　　　　　　　하셨네

〈시6집〉

죄에 대하여 죽은 우리가 어찌 그 가운데 더 살리요〈롬6:2〉

주님의 부활은

주님의 부활은
　　　어두움이 빛으로
　　　슬픔이 기쁨으로
　　　미움이 사랑으로
　　　부족함이 완전함으로
　　　가난함이 부요함으로
　　　저주가 축복으로
　　　지옥이 천국으로
　　　죽음이 영생으로
옮긴 바 된 표적이었습니다

〈시11집〉

죽은 자들이 하나님의 아들의 음성을 들을 때가 오나니...〈요5:25〉

누가 아는가

누가 아는가
주님이 오실
그 날을
누가 아는가
주님이 오실
그 때를
주님이 오실
그 날을
아무도
모르고
주님이 오실
그 때를
누구도
모르나

주님이 오실

그 날을

나는

기다린다

주님이 오실

그 때를

나는

기다린다

〈시3집〉

그 날이 덫과 같이 너희에게 임하리라〈눅21:34〉

주님의 다시 오심을

주님의 다시 오심을 생각하면
나의 중심이 경건해진다
어두운 세상에 살지만
주님의 다시 오심을 기억할 때에
나의 눈에 광채가 떠오른다
슬픔에 지쳐서 쓰러질 때에
주님의 다시 오심을 느낄 수 있으니
기쁨으로 가득해진다

〈시5집〉

자기를 바라는 자들에게 두 번째 나타나시리라〈히9:28〉

다스리리라

내가 천사를
　다스리리라
　　지금은 세상이
　　　나를 흔들어도
　　　내가 세상을
　　　　다스리리라
　　　　내가 사단의
　　　　　유혹을 받아도
　　　　　내가 사단을
　　　　　　다스리리라
　　　　　　내가 지금은
　　　　　　　만물의 요동을
　　　　　　　받고 있으나
　　　　　　　　내가 만물을
　　　　　　　　　다스리리라
　　　　　　　내가 이제는
　　　　　　천사보다 못하나
　　　　　주님과 함께
　　　　내가 천사를
　　　다스리리라　　　　　　　　　　〈시5집〉

우리가 천사를 판단할 것을 너희가 알지 못하느냐〈고전6:3〉

주 다시 오실 때

주 다시 오실 때
　　나의 눈에서
　　　눈물이 씻기고
주 다시 오시면
　　어두움 변하여
　　　밝은 빛이 오며
주 다시 오시어
　　옳은 진리와
　　　그릇된 죄악이 보이리라
주 다시 오실 때
　　하늘의 닫힌
　　　문이 열리고
주 다시 오시면
　　만물이 소생되며
주 다시 오시는 날
　　믿는 자의 소망이
　　　이루어지리라

〈시8집〉

하나님께서 저희 눈에서 모든 눈물을 씻어 주실 것임이러라〈계7:17〉

그가 다시 오실 때까지

예수의 십자가
　그가 오실 때까지
전하세
　예수의 죽으심
　　그가 오실 때까지
　전하세
　　예수의 부활을
　　　그가 오실 때까지
　　전하세
　　　예수의 영광을
　　　　그가 오실 때까지
　　　전하세
　　　　예수의 사랑하심
　　　　　그가 다시 오실 때까지
　　　　알리세

〈시11집〉

주의 죽으심을 오실 때까지 전하는 것이니라〈고전11:26〉

제 2 부

성령이 하셨네

성령은 아름다우신 분

우리의 마음을
새롭게
아름답게
우리를 거룩하게 하시며
하나님의 그 크신 사랑을 깨닫게 하시고
우리를 대신하여
아름다운 기도하시며
은혜의 선물 채우시니
성령은 아름다우신 분

〈시2집〉

육으로 난 것은 육이요 성령으로 난 것은 영이니〈요3:6〉

성령이 하셨네

성령의 불길이
나를 태워서
세상의 빛이 되게 하셨네

성령의 능력이
나를 잡아서
복음을 전파하게 하셨네

〈시9집〉

성령이 너희에게 임하시면 너희가 권능을 받고.....〈행1:8〉

성령님 하소서

온유하신 성령님
　나의 마음을
겸손하게 하소서　　담대하신 성령님
　　　　　　　　　나의 심지를
　　　　　　　　굳건하게 하소서

　　　　　　　　　　　　의로우신 성령님
　　　　　　　　　　　　나의 죄악을
　　　　　　　　　　　회개하게 하소서

기쁨되신 성령님
　나의 입술로
찬양하게 하소서

　　　　　　기묘하신 성령님
　　　　　　　나의 영혼을
　　　　　아름답게 하소서

　　　　　　　　　　　　　〈시11집〉

저는 너희와 함께 거하심이요 또 너의 속에 게시겠음이라〈요14:17〉

나도

주의 성령이 나에게 임하시면
나도 모세와 같이
홍해를 가르겠네

주의 성령이 나에게 충만하면
나도 다니엘 처럼
사자를 이기겠네

주의 성령이 나에게 오셨으면
나도 바울과 같이
옥문이 열리겠네

〈시9집〉

저희가 다 성령의 충만함을 받고....〈행2:4〉

하나님의 성령으로

하나님의 성령으로 아버지를 알게 하소서
주 예수의 영으로 주의 십자가를 보게 하소서
회개의 영으로 마음을 열어 주시고
기도의 영으로 아뢸 수 있게 하소서
진리의 영으로 말씀을 가르치시며
새로운 영으로 아름답게 하시며
자원하는 영으로
나의 심령을 일으켜 주소서
불과 같은 영으로
불의함을 태워 주시고
단비와 같은 주의 영으로
메마른 영혼에 내려 주시며
태초부터 계신 영으로
다시 거듭나게 하옵소서
하나님의 성령으로
아버지의 모든 계시와
비밀을 알게 하소서

〈시5집〉

계시를 받은 자 외에는 아버지를 아는 자가 없느니라〈마11:27〉

성령이 나에게 오시면

성
령이
나에게 오시면
두려워 하는 내가
담대하게 될 수 있고
미지근한 나의 마음이 뜨겁게 되며
성령이 나에게 임하시면 나는 슬프다가도
기쁨이 넘칩니다
성
령이
나에게 오시면
미련한 내가
지혜롭게 되고
부족한 내가 온전하며
아름답지 못한 내가 귀하게 변하고
성령이 나에게 임하시면 나는 죽었다가도
살 수 있습니다

〈시7집〉

저는 진리의 영이라〈요14:17〉

제 3 부

하나님을 기억하라

나의 하나님

나의 심령을 통촉하시고
나의 마음을 살피시며
나의 간구에 응답하시는
　나의 하나님
　　나의 움직임도 내려다 보시고
　　　나를 감찰하시는
　　　나의 하나님
　　　　닥쳐오는 슬픔의 파도와
　　　강한 바람을 잔잔케 하시는
　　　　나의 하나님
　　나의 생명을 보호하시며
　　나의 영혼에 만족을 더하시고
　　나의 피할 바위가 되시는
　　　나의 하나님

〈시4집〉

나의 하나님이여 나의 부르짖는 소리를 들으소서〈시5:2〉

하나님을 기억하라

불과 같은 시험에서 구원하신
하나님을 기억하라
무서운 바다의 위험 가운데서 건지신
하나님을 기억하라
광야와 같은 세상에서
반석의 물을 주시는 하나님을 기억하라
해와 달도 상하지 못하게 지키시는
하나님을 기억하라
십자가에서 피를 흘리기까지 사랑하신
하나님을 기억하라
항상 좋은 것으로 주시려 하시는
하나님을 기억하라
세상 끝날까지 함께 하시는
하나님을 기억하라

〈시5집〉

지존하신 하나님이 저희 구속자이심을 기억하였도다〈시78:35〉

나와 하나님

나는 부족하나
　　하나님은 완전하시네

　　　나는 약하여도
　　　　하나님은 온전하시네

　　　　나는 가난해도
　　　　　하나님은 부요하시네

　　　　　나는 숨지지만
　　　　　하나님은 영원하시네
　　　　　　　　〈시5집〉

선을 행하는 자가 없으니 하나도 없도다〈시14:3〉

하나님의 사랑은

하나님의 사랑은 밝은 빛과 같아서
나의 마음을 비추이시고
나의 길을 인도하여 주신다

하나님의 사랑은 시냇물과 같아서
나의 심령에 만족을 주며
나의 영에 촉촉하게 흐른다

하나님의 사랑은 강한 반석 같아서
나의 약함을 붙들어 주고
나의 힘을 굳건하게 하신다

하나님의 사랑은 고운 향기 같아서
나의 생기로 숨쉬게 하고
나의 혼을 아름답게 하신다

하나님의 사랑은 많은 기쁨 되어서
나의 영혼을 뛰놀게 하며
내게 희락 충만하게 하신다.

〈시3집〉

곧 하나님은 빛이시라 그에게는 어두움이 조금도 없으시니라〈요일1:5〉

하나님께 드릴 때

하나님께 나의 마음을 드릴 때
나의 마음을 보시고
하나님께 나의 눈길을 드릴 때
나에게 하나님의 눈길을 주시네
하나님께 입술의 말을 드릴 때
하나님의 말씀을 나에게 주시네
하나님께 나의 사랑을 드릴 때
하나님이 나를 사랑해 주시네
하나님께 내 모든 것 드릴 때
하나님의 모든 것을 다 주시네

〈시7집〉

나의 혀가 주의 의를 말하며 종일토록 주를 찬송하리이다〈시35:28〉

하나님이

하나님이 우리에게 은혜를 베푸심은
우리가 은혜를 받기에 합당하기
때문이 아니라
하나님이 우리에게 은혜를 베푸심은
그의 자비하심이 크심이라

하나님이 우리를 사랑하심은
우리가 의로워서가 아니라
하나님이 우리를 사랑하심은
그의 사랑이 한이 없음이라

은혜 받기에 합당하지 않은
우리에게 은혜를 베푸시고
아무 의로움이 없는 우리를
독생자까지 버려서 사랑하심은
하나님의 공의가 놀랍고
그의 사랑이 지극하심이라

〈시6집〉

높은 마음을 품지 말고 도리어 두려워하라(롬11:20)

하나님은 사랑이시라

사랑
사랑은 아무리 주어도
부족한 것
사랑
사랑은 아무리 받아도 싫지 않는
기쁨의 샘
사랑
사랑에는 아끼는 욕심이
없는 것
사랑
사랑에 감추인 비밀이
없는 것
사랑
사랑은 잠깐 있다가 없어지는 것 아니라
영원한 것
사랑
사랑은 하나님의 것이므로
하나님은 사랑이시라

〈시8집〉

하나님은 사랑이심이라〈요일4:8〉

하나님은 하시네

하나님은
　작은 자로
　　크다 하는 자를
　　　부끄럽게 하시네

하나님은
　낮은 자로
　　높다 하는 자를
　　　겸손하게 하시네

하나님은
　없는 자로
　　있다 하는 자를
　　　가난하게 하시네

〈시11집〉

세상의 천한 것들과 멸시 받는 것들과 없는 것들을 택하사.....〈고전1:28〉

그 하나님이

없는 것을 있는 것처럼 부르시는
그 하나님이
죽은 자를 다시 살게 하시는
그 하나님이
홍해를 육지와 같이 나누신
그 하나님이
여리고를 무기없이 무너뜨리신
그 하나님이
사자의 입에서 다니엘을 건지신
그 하나님이
어제나 오늘이나 동일하신
그 하나님이
지금
우리와 함께 하시네

〈시11집〉

죽은 자를 살리시며 없는 것을 있는 것 같이 부르시는 이시니라〈롬4:17〉

한 그루의 포도나무

나의 마음이 그에게 있으며
그의 마음 내게 있음이여
그의 사랑 내 마음에 미쳐서 넘치니
내 사랑이 내 속에서 동함이여
내가 그를 사랑하지 않을 수 없구나
그는 나의 유일한 소망
그는 내 생명이다
그와 나는 하나
누가 우리를 둘로 만들 수 있을까
그와 나는 둘이 될 수 없으니
내가 그 안에 있고
그가 나와 항상 함께 하시네

우리는 한 그루의 포도나무

〈시1집〉

나는 포도나무요 너희는 가지니...〈요15:5〉

우리

주님과
　　나는
　　　우리가
　　　　되었습니다
　　　아버지와
　　아들과
　성령으로
당신과
　나는
우리가
되었습니다

〈시9집〉

나를 떠나서는 너희가 아무것도 할수 없음이라〈요15:5〉

포도나무

그는 포도나무
나는 가지니
내가 그 안에 있고
그가 내 안에 계시면
나의 바라는 열매를 맺으나
그렇지 아니하면
나는 떨어지고
버림을 입으리라
그는 나의 포도나무
나는 그의 가지니
그가 나의 구하는 것을
주시리라

〈시10집〉

나는 포도 나무요 너희는 가지니〈요15:5〉

우리에게는 사랑의 노래가

우리에게는 사랑의 노래가 있습니다
누구에게 없는 사랑의 속삭임이
우리에게 있습니다
주님은 내 안에 계시고
나는 주님 안에 거하니
주님과 나는
우리입니다
주님의 사랑이 내 안에 있고
나의 사랑이 주님께 향하여
이것이
사랑의 노래가 됩니다

〈시10집〉

기쁨으로 노래할지어다〈시149:5〉

나의 신부

아름다워라
나의 신부여
너의 사랑이 나에게 미칠 때
나의 마음이 동하였나니
나를 향한 너의 사랑이
모든 만물보다 아름답고
천국의 정금보다 귀하구나

사랑스러워라
너의 눈물이여
나를 사랑하여 흐르는 너의 눈물은
보석보다 빛나고 진주보다 좋아서
이루 말할 수가 없구나

부르리라

나의 노래여

너의 사랑은 나의 부르는

기쁨의 노래요 즐거운 춤이 되나니

너는 내 마음의 보석이요

천국의 진주로다

내가 너를 사랑하리니

내가 너를 영원히 품에 안으리로다

〈시8집〉

나의 사랑 너는 순전히 어여뻐서 아무 흠이 없구나〈아4:7〉

강물과 바다

주님을 사랑하는
나의 마음이
강물 같으면
나를 사랑하시는
주님의 사랑은
바다와 같으리라
주님을 위하는
나의 마음이
젖 뗀 아이와
같으면
주님이 나를 위하시는
생각은
집 떠난 아들을
기다리는 아버지의
마음이라

〈시10집〉

나는 너를 잊지 아니할 것이라〈사49:15〉

너는 내 것이라

너는 부유해도 가난해도
너를 사랑하여 구원했으니
　　　　너는 내 것이라

너는 현명해도 미련해도
너의 지혜되어 사용하리니
　　　　너는 내 것이라

너는 잘났으나 못났으나
너의 모든 것을 알고 있으니
　　　　너는 내 것이라

너는 강하여도 약하여도
너의 힘이되어 일으키리니
　　　　너는 내 것이라

너는 의로워도 악하여도
너를 나의 피로 바꾸었으니
　　　　너는 내 것이라

〈시5집〉

내가 너를 지명하여 불렀나니 너는 내 것이라〈사43:1〉

내가 너를 사랑하노라

내가 너를 사랑하노라
내가 너를 진실로 사랑하기에
너에게 무거운 짐을 가볍게 하려
그 짐을 나의 어깨에 짊어지고
너를 내 눈동자 처럼 보았으며
내가 너의 길에 동행하여
항상 살피었노라
내가 너를 인하여 애통하기를
허리가 녹기까지 하였으며
내가 너를 인하여 흘린 눈물이
바다의 모든 물 보다 많으니
내가 너로 미칠 듯 하여 견딜 수가 없어서
내가 죄 많은 너의 죄를 나의 육체에 묻혀서
내가 나의 몸을 때렸노라
나는 모든 피조물의 하나님이나
너를 인하여 사람이 되었노라
너를 징벌하기가 싫어서

나의 몸에 상처를 내고
　나의 손과 발에 못 박았으며
　내 옆구리를 찔렀노라
나의 영원한 생명을 너에게 주기를 원하여서
　나의 삶은 버리고 죽었었노라
내가 너를 사랑하므로 내 마음이 깊은 곳에서 동하며
내 심령이 타는 불길이 되어 영원히 꺼지지 아니하리라
　　　　　　　　　　　　내가 내 자신까지 주었는데
　　　　　　　　　　　무엇을 주지 않겠느냐
　　　　　　　　그러나
　　　　　너는 나의 사랑을 얼마나 알고 있으며
　　　　　　과연 나의 은혜를 기억하고 감사하는가
　　너는 사랑하는가
　　내가 너를 사랑하듯이
너는 나를 사랑하지 않지만
　나는 너를 사랑하노라
　　　　　　　　　　　　　　〈시3집〉

나의 사랑하는 자는 목소리로구나〈아2:8〉

제 4 부

쓴 잔

쓴 잔

주님의 쓴잔을 맛보지 않으면
　　주님의 쓴잔을 모르리
　　　　주님의 괴로움 당하지 않으면
　　　　　　주님의 고통을 모르리
　주님의 십자가 져 보지 않으면
　　　주님의 죽으심 모르리

주님의 쓴잔은 내 것이며
주님의 괴로움 내 것이며
주님의 십자가 내 보물이라
또한 그의 부활 내 영광이리라

　　　　　　　　　　　　　〈시1집〉

나의 마시려는 잔을 너희가 마실 수 있느냐(마20:22)

너의 쓴잔을

너의 쓴잔을
내가 마시었고
　　　　나는 너에게 단잔을 주었노라
　　너는 나에게로 오라
너의 단잔을 받아든
나의 사랑을 거절하지 말고
너에게 주는 나의 단잔을 받아 마시라

너의 근심을
내가 당하였고
　　　　나는 너에게 평안을 끼치노라
　　너는 나에게로 오라
너의 근심을 가져간 나의 은혜를 뿌리치지 말고
너에게 끼친 나의 평안을 받아 누리라

너의 죽음을

내가 맛보았고

　　　　나는 너에게 생명을 베푸노나

　　너는 나에게로 오라

너의 죽음을 담당한 나의 희생을 물리치지 말고

너에게 베푼 나의 생명을 받아 살아라

〈시2집〉

평안을 **너희에**게 끼치노니 곧 나의 평안을 **너희에**게 주노라〈요14:27〉

주님의 십자가를

주님의 십자가를 짊어지기 원치 않고
주님의 십자가를 알지 못하리라
　　아픔을 모르면서
　　주님의 아픔을
　　알 수가 없고
주님을 사랑한다면서도
고통을 달게 여기지 않으면
　　주님을 사랑함이 아니리라

〈시6집〉

자기 십자가를 지고 나를 좇을 것이니라〈마16:24〉

고난의 길을 떠나서

고난의 길을 떠나서
영광의 길을 생각지 말라
고난의 길을
떠나서는
영광의 길을
가지 못하리라
십자가를 내려놓고서는
부활의 기쁨을 기대하지 말라
십자가를 버리면
부활도 버림이 되리라

〈시11집〉

그런즉 우리는 그 능욕을 지고 영문 밖으로 그에게 나아가자〈히13:13〉

내게 고통 주신 주여

내게 고통 주신 주여
내가 감사하나이다
만일 내게 고통을 주시지 않으셨다면
주님의 고통을 알 수 없었으리이다
그리고
고통을 즐거움으로 바꾸시는 주님의
깊은 은혜를 받을 수 없을 것이니이다
고통이 지금은 괴로워 보이나
후에는 고통이 영광이 되고
장차는 십자가 면류관 되니이다
그때에는 주께서 나의 숙인 머리를 드시며
눈물로 적시어 있던 나의 눈을 닦으시리이다
그러므로
내게 고통 주신 주여 감사하나이다

〈시1집〉

고난 당한 것이 내게 유익이라〈시119:71〉

잠 시

태양이

구름에 가리어

빛을 잠시 볼 수 없으나

태양이 없는 것이 아니다

기쁨이 잠시 동안

떠나 있어도

기쁨이 다시 오겠으며

주님은 우리에게 보이지 않지만

주님은 우리와 함께 하서서

우리를 도우시며 우리를 구하신다

어제는 환난이 있었으나

내일은 안식을 누리리라

밤에는 슬픔에 잠겨 있었어도

아침에는 기쁨을 가득히 받으리라

〈시1집〉

아침에는 기쁨이 오리라〈시30:5〉

십자가의

십자가의 슬픔이 없으면
부활의 기쁨이 없으리라

　　　　십자가의 고난이 있으면
　　　　부활의 영광도 있으리라

십자가의 눈물이 없으면
부활의 웃음도 없으리라

　　　　십자가의 죽음이 있으면
　　　　부활의 생명이 있으리라
　　　　　　　　　〈시9집〉

그리스도 안에서 모든 사람이 삶을 얻으리라〈고전15:22〉

주의 고난을 생각할 때마다

주의 고난을 생각할 때마다
나는 겸손해집니다
주의 십자가를
다시 바라볼 때
또 다시
눈물 흐릅니다
주의 그 사랑이
내 안에 넘칠 때
나는 새 힘을 얻게 됩니다

〈시8집〉

하나님이 세상을 이처럼 사랑 하사〈요3:16〉

십자가를 지겠습니다

십자가는 무겁습니다
십자가는
무겁고
힘들기
때문에
십자가를 짊어지기
좋아하는
사람이
없습니다
십자가는 괴롭습니다
십자가는
편하지
않기에
많은 이들이 외면하고
버립니다
그러나
나는 십자가를 지겠습니다

〈시10집〉

자기 십자가를 지고 나를 좇을 것이니라〈마16:24〉

우리가 가야 할 길

우리가 가야 할 길은
넓은 길이 아닙니다
우리가 가야 할 길은
좁고 험난한 길입니다
그 길은
좁고
험해서
많은
사람이
가지 않는
길입니다
우리가 가야 할 길은
주님이 가신 골고다
바로 그 길입니다

〈시11집〉

그런즉 우리는 그 능욕을 지고 영문 밖으로 그에게 나아가자〈히13:13〉

우리의 고난과 수고는

우리의
　　고난은
　　　천국으로
　　　　가게 하는
　　　　　　지름길이요
　　　　　우리의
　　　　눈물은
　　　하나님
　나라의
진주며
　　우리의
　　　수고는
　　　　썩지 않는
　　　　　면류관이다

〈시6집〉

또 우리가 하나님 나라에 들어가려면...〈행14:22〉

아 예루살렘아

성도의 눈물은
한 알의 진주 같으니
하나님 나라의 많은 진주가
성도의 눈물이리라
하나님의 사랑은
그 안에 비춰지고
정금 바다가 이뤄지리라
아
예루살렘아
너는 아름답고 빛나는
나의 신부라
너를
내 품에 안으며
영원히 너를 사랑하리라
너와 함께 마시고
너와 함께 즐거워 하리라

〈시12집〉

또 내가 보매 거룩한 성 새 예루살렘이 하나님께로부터 하늘에서 내려
오니 예비한 것이 신부가 남편을 위하여 단장한 것 같더라〈계21:2〉

예수를 위해 예수를 인해

예수를 위해 죽으면
예수를 인해 살고
            예수를 위해 잃으면
            예수를 인해 찾으며
                        예수를 위해 수고하면
                        예수를 인해 상을 얻고
            예수를 위해 가난하면
            예수를 위해 부요하며
예수를 위해 고난이 있으나
예수를 인해 영광을 받으리라

〈시9집〉

누구든지 나를 위하여 제 목숨을 잃으면 찾으리라〈마16:25〉

나에게 주님의

나에게
주님의
고난이
있으면
    나에게
    주님의
    평안도
    있겠네

나에게
주님의
십자가
있으면
    나에게
    주님의
    부활도
    있겠네

나에게
주님의
죽으심
있으면
    나에게
    주님의
    생명도
    있겠네

〈시11집〉

평안을 너희에게 끼치노니 곧 나의 평만을 너희에게 주노라〈요14:27〉

나의 원하는것

이 몸이 티 하나 없는 백합의 하얀 입처럼 순결하고 싶었으나
내 모든 수치스러움으로 새까만 까마귀의 깃털같이 되었고
은색의 눈 같이
차분하게 입힌 양털같이
한 마음으로 정직 하려 했으나
주홍의 빛깔을 이루었고
피 같이 붉게 되었네
하나님의 영광을 위하여 살기 원했으나
나의 영광을 위하여 살았으며
하나님만 바라보기로 다짐했으나
하나님 아닌 다른 것에 집착하였으며
항상 주의 뜻이 이루어지기를 기도했지만
불순종의 잔이 넘치므로 나의 뜻대로 행동함이여
선을 따르고자 하였으나
나타나는 것은 무수한 죄뿐이네
광명 속에서 살며
작은 불빛이 되라는 사명이 있으나
어둠길을 헤매면서 빛을 가리웠네
소금이 되어 맛을 내려 했지만

맛을 잃어버린 소금이 되었고
섬겨야 할 종의 자리에서 떠나
상전의 상좌에 올라 앉아서
섬기기 보다 섬김을 받았고
주기 보다는 받기를 좋아하고
좀더 참아 주고 이해하기 전에
비판의 말을 하였네
그리스도의 아름다운 향기 되지 않고
향기 대신 악취가 되었네

이 모든 것 지나가고 새것이 되리라
그리스도의 피로 깨끗하게 되리라
묵은 땅이 좋은 땅이 되며
나의 말랐던 반석이 터져 흐르리라
모든 것이 변화함으로

〈시2집〉

대필자의 한마디 ― **다윗의 참회의 詩처럼 건조한 나의 신앙생활을
그대로 비추는 거울과 같은 구절구절. 그러나 그리스도의 피가 다
시 나를 변화시킨다**

보라 새것이 되었도다〈고후5:17〉

잃으면

빛이
그 빛을
잃으면
어둠을
모르고
소금이
그 맛을
잃으면
썩는 것을
모르며
향이
그 향을
잃으면
악취를
알지
못하나니
이런 빛과 소금과 향은 없어진다

〈시11집〉

소금이 만일 그 맛을 잃으면 무엇으로 짜게 하리요〈마5:13〉

아무것도 아닙니다

하나님께 영광을
돌린다 하면서도
내가 영광을
받아 버리면
아무것도 아닙니다
　　　나의 몸을 불사르고
　　　재물이 되어도
　　　하나님을 사랑하는
　　　사랑이 없으면
아무것도 아닙니다
　믿음만 나 있고
　행함이 없는
움직이는 역사가
있지 아니하면
　　　아무것도 아닙니다

〈시4집〉

내가 내게 영광을 돌리면 내 영광이 아무것도 아니거니와〈요8:54〉

예수님이 하셨습니다

우리가 소금이 되지 못했기에
예수님이 소금처럼 녹으셨습니다
우리가 밀알이 되지 못해서
예수님이 죽고 썩으셨습니다
우리가 멍에를 싫어하므로
예수님이 십자가를 짊어지셨습니다
우리가 스스로 강하였기에
예수님이 상한 갈대가 되셨습니다
우리가 지혜로움이 극하여서
예수님이 미련한 모습으로 오셨고
우리가 너무 높아져서
예수님이 낮아지셨습니다
우리가 싫어하는 것을
예수님이 좋아하시고
우리가 할 수 없는 일을
예수님이 하셨습니다

〈시9집〉

너희 속에 소금을 두고 서로 화목 하라〈막9:50〉
한 알의 밀이... 죽으면 많은 열매를 맺느니라〈요12:24〉

대필자의 한마디- "예수님이 죽고 썩으셨습니다"는 주님의 육체가 썩으셨다는 뜻이 아니라 주님의 마음과 희생하심을 비유한 것이다

우리로 사람들이

우리는 주님의 편지니
우리로 사람들이 주님을 읽으리라

우리는 주님의 맛이니
우리로 사람들이 주님을 맛보리라

우리는 주님의 입이니
우리로 사람들이 주님을 들으리라

우리는 주님의 눈이니
우리로 사람들이 주님을 바라리라

우리는 주님의 향기니
우리로 사람들이 주님을 맡으리라

〈시8집〉

너희가 우리의 편지라... 뭇 사람이 알고 읽는 바라〈고후3:2〉

제 5 부

내가 예수께 가리라

내가 눈을 감았으나
주님의 눈동자를 보고
내가 세상의 소리 못 들어도
주님의 입술에서 나는 그 말씀의 목소리는
고요한 중에 들려 온다
내가 코의 감각을 잃었어도
그 영원한 생기와
그 생명의 향취를 맡을 수 있으리라
내가 말을 못하는 나귀라 하여도
내 마음의 깊은 우물을
주님께 바치리라
내가 곤고한 중에 주를 바라보며
내가 어지러운 중에 길 되신
예수께 가리라
내가 험한 창수 중에 내 주를 잡으며
내가 심한 비바람 중에도
하나님을 찬양하는 노래를 하리라
내가 인간의 자유는 상실되었으나
하나님 안에서의 자유 얻음으로
그 안에서 감사하리라

내가 너와 함께 하리라

두려울 때에
　　　내가 너와 함께 하리라
네가 슬플 때에
　　　내가 너와 함께 하리라
가장 외로울 때에
　　　내가 너와 함께 하리라
즐거울 때와 기쁠 때도
　　　내가 너와 함께 하리라
아픔과 괴로울 때
　　　내가 너와 함께 하리라
네가 숨진 후에도
　　　내가 너와 함께 하리라
세상 끝날 까지
　　　내가 너와 함께 하리라
천국에 이르도록
　　　내가 너와 함께 하리라

〈시3집〉

내가 너와 함께 하리라〈신31:23〉

동참

너
고통 당할 때
주님이 너와 함께 고통을 당하시고
너
짐 지고 갈 때
주님이 너의 짐을 가볍게 하시며
너
슬플 때에
주님이 위로의 눈길로 너와 동행 하신다
너
외로울 때에
너
어찌 홀로 있다 하는가
너
괴로울 때에

너
어찌 혼자 있다 하는가
　　　　너의 모든 것을 동참하시는
　　　　주님을
　　　　　너
　　　　바라 보라　　　　　　　　　〈시2집〉

대필자의 한마디–"주님이 너와 함께 고통을 당하시고"구
절이 특별히 감동시킨다. 주님은 우리가 고통을 당할 때
물끄러미 쳐다 만 보시는 분이 아니라 우리의 모든 고통을
함께 당하시는 분이시다

너희를 쉬게 하리라〈마11:28〉

내가 연약하여

내가 연약하여 넘어지면
　　주님은 그 말씀으로 강하게 하시고
　　내가
　　용서받지 못할 죄를 범하여
　　　괴로워할 때
　　　　주님은
　　내가 너를 용서하였다
　　　　위로하시며
　　내가 살 소망이 끊어질 때
　　　　주님은
　　나를 붙들어 살수 있게
　　　　　　하신다

〈시11집〉

네가 어디로 가든지 네 하나님 여호와가 너와 함께 하느니라〈수1:9〉

하나님이 우리에게

하나님이 우리에게 건디지 못하는 시험을
$$\text{주시지}$$
$$\text{아니 하시고}$$
하나님이 우리에게 이기지 못하는 싸움을
$$\text{허락지}$$
$$\text{않으시며}$$
하나님이 우리에게 참지 못할 아픔을
$$\text{베풀지}$$
$$\text{않으시리니}$$
하나님이 우리에게 주시는 여러 가지 고난을
$$\text{견디고}$$
$$\text{이겨서}$$
하나님의 나라에 담대히 나아가자

〈시6집〉

사람이 감당할 시험 밖에는 **너희에게** 당한 것이 없나니…… 〈고전10:13〉

내가 예수께 가리라

내가 눈을 감았으나
주님의 눈동자를 보고
내가 세상의 소리 못 들어도
주님의 입술에서 나는 그 말씀의 목소리는
고요한 중에 들려 온다
내가 코의 감각을 잃었어도
그 영원한 생기와
그 생명의 향취를 맡을 수 있으리라
내가 말을 못하는 나귀라 하여도
내 마음의 깊은 우물을
주님께 바치리라
내가 곤고한 중에 주를 바라보며
내가 어지러운 중에 길 되신
예수께 가리라
내가 험한 창수 중에 내 주를 잡으며
내가 심한 비바람 중에도
하나님을 찬양하는 노래를 하리라
내가 인간의 자유는 상실되었으나
하나님 안에서의 자유 얻음으로
그 안에서 감사하리라

〈시2집〉

대필자의 한마디-"내가 말을 못하는 나귀라 하여도 내 마음의 깊은 우물을 주님께 바치리라" 발람의 나귀처럼 무능할지라도 나의 깊은 우물물과 같은 밀어〈密語〉를 주님께 바친다

내 주 그리스도 예수를 아는 지식이 가장 고상함을 인함이라〈빌3:8〉

나는 힘이 없어서

나는 힘이 없어서
상한 갈대와 같아도
주님이 상한 갈대와 같은 나를
붙잡아 주시리라
나는 힘이 없어서
넘어져도
주님이 오른 손으로
나를 붙들어 일으키시리라
나는 힘이 없어서
꺼져가는 등불과 같이
희미하여도
주님이 밝은 빛으로 비추시리라
나는 미련하여도
주님이 천국의 지혜로
나를 가르치시리라

〈시6집〉

상한 갈대를 꺾지 아니하며〈마12:20〉

나의 주님은

세상은 갈대와 같이 흔들려도
　　나의 주님은
　　강한 반석이시니
내가 주님 안에 있으면
　　흔들리지 아니하네
　　　　세상은 꺼져가는 등불과 같이
　　　　그 빛이 어두우나
　　　　나의 주님은
　　　　영원한 빛이시니
　　　주님의 빛은 꺼지지 아니하네

〈시6집〉

대필자의 한마디–갈대와 등불을 연약한 나에게 비유한 詩가 많이
있지만 이 詩에서는 세상을 가르켜 "갈대와 등불"에 비하여 갈대
와 같은 세상, 등불과 같이 임시적인 세상이라 말한다

진동치 아니하는 것을 영존케 하기 위하여…〈히12:27〉

하나님은 우리에게

하나님은
우리에게
시험을 주시고
하나님은
우리에게
시험을 이길 힘을 주신다
하나님은
우리에게
채찍을 드시고
하나님은
우리에게
치료의 광선으로 비추신다
하나님은
우리에게
죽게 하시고
하나님은
우리에게
부활을 얻게 하신다 〈시6집〉

사람이 감당할 시험 밖에는 너희에게 당한 것이 없나니〈고전10:13〉

내가 알아 주리라

누구도 모르는 너의 고통을
내가 알고
아무도 알지 못하는
너의 아픔을
나는 아노라
모든 이가 너를 버려도
나는 너를 사랑하고
너의 쓰라린 상처를
싸매어 주리라
너의 많은 눈물을
내가 보았으므로
모든 사람이 몰라주는
너의 마음을
내가 알아 주리라

〈시6집〉

그는 실로 우리의 질고를 지고…. 〈사53:4〉

누가 너를

누가
너를
알아주지 않아도
하나님이 함께 하시면
외롭지 않으리라
누가
너를
도와주지 않아도
하나님이 너를 도와 주시면
외롭지 않으리라
누가
너를
미워하여도
하나님이 너를 사랑하시면
외롭지 않으리라

〈시6집〉

나 여호와는 중심을 보느니라〈삼상16:7〉

예수 있는 복음

예수 없는 복음은 복음이 아니고
예수 없는 사랑은 아름답지 못하며
예수 없는
모든 것은
아무것도
아니다
예수 있는
마음은
언제나
부요하며
예수 있는
생명은
죽어도 살며
망하지
않는다

〈시6집〉

너희에게 전한 복음 외에 다른 복음을 전하면 저주를 받을 지어다〈갈1:8〉

나 하나

나
　하나만 있더라도
　　세상을 지으신
　　　　　주
　　　나
　　하나가 죄를 짓더라도
　　　　십자가에 죽으신
　　　　　　　주
　　　　　나
　　하나가 있더라도
　　천국을 마련하신
　　　　　주

〈시11집〉

온 천하를 얻고도 제 목숨을 잃으면 무엇이 유익하리요〈마16:26〉
그 중에 하나를 잃으면 아흔 아홉 마리를 들에 두고〈눅15:4〉

아무것도 모를 때

아무것도 없을 때
　　주님의 은혜를
　　　받을 수 있습니다
아무것도 모를 때
　　주님의 지혜를
　　　배우게 됩니다
아무도 사랑해 주지 않을 때
　　주님의 사랑이
　　　위로해 주십니다

〈시11집〉

이것을 지혜롭고 슬기 있는 자들에게는 숨기시고...〈마11:25〉

돌에 기도하는 사람은

돌에 기도하는 사람은
돌 처럼 되고
나무에 말하는 사람은
나무와 같이 되며
죽은 사람에게 비는 사람은
죽은 사람처럼 죽으나
살아 계신 하나님을
사랑하는 사람은
하나님과 같이
영원히 살리라

〈시11집〉

돌더러 일어나라 하는 자에게 화 있을찐저...〈합2:19〉

하기 전에

죄 있는
사람을 보기 전에
죄를 사하시는
하나님을
보라
죄인을 정죄하기 전에
너를 심판하시는
하나님을
생각하라
낮은 자를 업신여기기 전에
높은데 계신
하나님을
기억하라

〈시11집〉

나도 너를 정죄하지 아니하노니...〈요8:11〉

새 창조라

하나님이
　너를
사랑하심은
　　　　너 하나 없다고
　　　아쉬워서가 아니라
　하나님의 사랑이
　너를 값없이 사랑하신
은혜라
　하나님께서
　　　　　너를
　사용하심은
일꾼이 적어서가
아니라
　하나님께서
　　쓸데없는 너를
　　　값있게 만드신
　　　새 창조라

〈시11집〉

이것이 너희에게서 난 것이 아니요 하나님의 선물이라〈엡2:8〉

하나님이 편이시니

하나님은
    고통을 당하는 자의 편이시며
    아픈 자의 편이시니
    그의 상처를 만져 주신다

하나님은
    슬픔이 가득한 이의 편이시고
    우는 이의 편이시니
    그의 눈물을 씻어 주신다

하나님은
    세상의 가난한 자의 편이시며
    없는 자의 편이시니
    그의 오른손 들어 주신다

〈2천년 근래의 시〉

2000년 5월 22일〈월〉

그 생명의 소리

생명의 소리여 외치어라
깊은 산과 드높은 언덕에
그 어디든지 가거라
날아가거라

나 그 생명의 소리에
나의 귀를 세우고 기울였노라
내 영혼이
그 생명의 소리에
살찌우고 흡족히 마시우려 했으나
그 생명의 소리가
어찌 그리 희미한가
어찌 그리 안 들리는가

새 술은 새 부대에 담아라
새 역사의 사명을 새 그릇에 채워라
하나님의 백성들 정성을 모으고
주님의 거룩한 성도들 기도를 합해
그 생명의 소리

더 맑게 들리어라
더 멀리 전파하라

그리하여 나의 텅빈 가슴에
복음으로 충만케 하라
그리하여 고통에 시달리는 자를
힘있게 위로하라

그 생명의 소리에
그늘진 곳이 큰 빛을 보며
마른 땅에 샘이 터져 흐르리라

그 생명의 소리를 듣는 모든 이들
살아계신 하나님을 만나리라

〈2천년 근래의 시〉
2000년 6월17일〈토〉

극동방송 FM 방송 개국 기념 축시

나도 그냥

주께서
가시면
나도 그냥 따라 갑니다
주께서
머무르실 때
나도 그냥 머물러 기다립니다
주께서
일 하시면
나도 그냥 시키시는 일을 합니다
주께서
일을 멈추시면
나도 그냥 일을 멈추고 쉬어야 합니다

내 주께서
기뻐하시는 것
나도 역시 즐거워하고
내 주께서
슬퍼하심을
나도 역시 슬퍼합니다

내 마음이 주께 있고
내 생각에 주의 뜻이 있습니다
나의 생명이 주 안에 있고
주의 영생이 내 속에 있습니다

〈2천년 근래의 시〉

2000년 7월 7일〈금〉

친구가 되게 하셨습니다

하나님은 나를 장애인으로 만드셨고
        장애인의 친구가 되게 하셨습니다
하나님은 나를 혹독한 고통으로 아프게 하시더니
    고통에 시달려 울부짖는 사람의 친구가 되게 하셨습니다
        하나님은 나에게 아름다운 시를 주셨고
하나님은 최덕신 집사님에게 감미로운 곡을 주셔서
            아름다운 시와 감미로운 곡이
            친구가 되게 하셨습니다
하나님은 0.1%의 가능성을 가진 사람들을 통해
            큰일을 이루십니다
        하나님은 이 음반을 통해
        놀라운 일을 행하실 것입니다
    장애인과 정상인이 친구가 되게 하시며
가진 자와 가지지 못한 자를 친구가 되게 하실 것입니다
하나님은 예수님을 우리의 친구가 되게 하셨습니다
그 안에서 모든 이들이 친구 되어지기를 간절히 소원합니다
                        친구 송명희 시인
            〈2천년 근래의 글〉 2000년 7월 12일〈수〉

음반 자켓에 들어갈 글을 하나님께 구하여 얻은 시 타입의 글

다 아니다

웃는 게 다 기쁨이 아니며
우는 게 다 슬픔이 아니다

죽는 게 다 죽음이 아니며
사는 게 다 생명이 아니다

하나님은 슬픔으로도 기쁨으로 만드시며
하나님은 죽음으로도 생명으로 바꾸신다

〈2천 근래의 시〉
2000년 7월 17일〈월〉

당신은 특별한 사람

당신은 특별한 사람
하나님이 당신을 특별하게 창조하셨네
당신은 특별한 사람
주님이 당신을 위해 세상에 오셨네
당신은 특별한 사람
주님의 생명으로 당신을 구했네
당신은 특별한 사람
주님의 피 흘리신 십자가로 당신을 사셨네

당신은 특별한 사람
당신보다 귀한 것
세상에 아무것도 없네

온 천하보다 귀한 사람
당신은 특별한 사람
세상 모든 것 당신을 위해 지으시며
세상 모든 것 당신에게 주시고
천국도 당신에게 주시리니
당신은 특별한 사람

특별한 당신을 우리가 사랑하네
특별한 당신을 우리는 축복하네

〈2천년 근래의 시〉

2000년 7월 17일〈월〉

참사랑

사랑하는 이들이여 그대들의 이름은
참사랑이어라
서로를 소유하려는 욕심을 버리고
주고 주며 더 주고 싶은 사랑으로 그대들의 마음을 채워라
아름다운 오늘의 약속을
망각의 과거속에 묻어 버리지 말고
때때로 가만히 눈 감고 이날의 기쁨을 되새기는
기억력을 사랑으로 일깨워라
보기만 하면 측은하고 안타까운
사랑의 아픔이 있기를
서로에게 존중하고 칭찬하는
참사랑으로만 살기를 바라노라
그래서 세상 떠날 때까지
하나님이 하나로 만드셨으니
둘로 나누지 마라
참사랑은
함부로 말하고 행동하는 무례함이 아니고
참사랑은
속박하는 불신의 끈이 아니며

참사랑은
순간마다 변하는 감정이 아니라
참사랑은
육체적 결혼과
모든 것의 결혼이니
오직 그리스도 안에서
참사랑이길 원하노라

<2천년 근래의 결혼 축시>

2000년 8월 20일〈주〉

사랑하는 아이야

사랑하는 아이야
너의 시작을 축복하는 오늘을 우리 기뻐하노라
너는 하늘거리는 바람 사이에 흩날리는 꽃잎처럼
가녀리고 애처롭게 보이지만
너는 연약하지 않으리라
　　사랑하는 아이야
너의 작은 손에 우리의 사랑을 가득히 담아 주고
너의 아장거리는 발이
올바른 길로만 갈수 있도록
우리가 인도하리라
　　사랑하는 아이야
너의 모든 것이 전능하신 하나님께 있으니
너의 어두운 밤이나
두려운 사망의 골짜기에 있어도
주가 함께 하시리라
너의 기도와 너의 찬양과
너의 사랑과 너의 착한 마음이
변하지 말기를 원하노라
그래서 뜻을 이루고

목표를 성취하는 것으로 끝나는
자기만을 위한 사람이기 보다
항상 고민하고 연구하며 다른 사람의 고통까지
알려고 노력하는 이해력을 가지거라
    사랑하는 아이야
너 때로 빈들에 던져져도 외롭지 않겠고
너 때로 그늘에 둘러쌓여도 어둡지 않으리니
살아계신 하나님께서 항상 너의 편이 되심이라

〈2천년 근래의 백일. 돌 축시〉

2000년 10월 20일〈금〉

나의 사랑하는 그대가

나의 사랑하는 그대가
　　　나를 떠나가네
나의 사랑하는 그대가
　　　나를 남겨 두었네
나의 사랑하는 그대가 나를 떠남으로
　　나의 노래가 내 입술에서 사라지며
　　나의 기쁨이 내 마음에서 떠남이라
나의 사랑하는 그대가 나를 남겨 둠으로
　　그대의 사랑을 내 가슴에 새겨두고
　　그대를 그리워하는 추억만 남기는가
나의 사랑하는 그대가 있어
　　나 하나님의 영광을 보았고
　　나의 사랑하는 그대가 있어
　　세상을 환하게 비추더니
나의 사랑하는 그대가
　　가고 없는 이날
　모든 것이 정지되고
　모든 것이 끝난 것처럼
　　아주 조용하다

그러나
무정한 세상은 여전히 돌아간다
나의 사랑하는 그대를
영원한 하나님 나라에서
이제 곧 만나리라
그래서
나의 사랑하는 그대와
사랑의 노래를 영원히 부르리라

〈2천년 근래의 애도 시〉

2000년 10년 26일〈목〉

믿음과 소망과 사랑을 주소서

주님은 하늘에서 세상에 내려 오셨습니다
우리는 세상에서 하늘 위로 올라갑니다
　더 많이 가지려는 욕심과
　더 우뚝 높아지려는 우월감
그래서 세상은 싸움터가 되었습니다
　한 아기의 나심을 볼 때
　　　세상에
　　　믿음
　　　소망
　　　사랑이
　　충만해집니다
서로 믿지 못하는 세상에
　믿음을 주소서
　깊은 절망 속에서
다시 붙잡고 일어나는
　소망을 주소서
자신의 것을 줄수 있는
영원한 사랑을 주소서

0.1%의 가능성을 가진 사람들과
　가난한 영혼들에게
　　예수 그리스도의
　믿음과 소망과 사랑을
　　　　주소서
임마누엘 한 아기 오셨으니
마라나타 만왕의 왕 오소서

〈2천년 근래의 시〉

2000년 12월 12일〈화〉

나처럼 되신 하나님

나처럼 아픔을 당하고
나처럼 눈물을 흘리며
나처럼 사람되신 하나님
               모든 것에 전능하신 하나님이
나처럼 주리고 피곤하며
나처럼 한계가 있는
나처럼 연약한 사람되신 하나님
               한 아기로 구유에 누우셨네
하나님이 나처럼 사람되신 것은
그만큼 날 사랑하셨네
그만큼 날 아셨네

〈2천년 근래의 시〉

2000년 12월 21일〈목〉

완전하신 예수님

완전하신 예수님
완전하신 하나님
완전히 사람 되시고
완전히 죽으신 예수님
우리 경배 받으소서
　　　완전한 제물 되시며
　　　완전한 대제사장
　　　완전한 성전되신 예수님
　　　우리 찬양 받으소서
완전히 사망을 이기시고
완전히 성경을 이루어
완전히 복음되신 예수님
우리 예배 받으소서
　　　완전히 만물 다스리시며
　　　완전히 우리 가운데 계시는
　　　완전히 성령되신 예수님
　　　우리 기도 받으소서
완전히 세상권세 잡으시고
완전히 만왕의 왕이 되시며
완전히 만유의 주가 되시는 예수님
우리 영광 받으소서　　〈2천년 근래의 시〉 2001년 2월 3일〈토〉

이제 끝나리라

모든 고통과 한숨이
모든 절망과 시험이
모든 실패와 분노가
모든 의심과 눌림이
모든 어두운 그림자
이제 끝나리라
모든 만물의 창조주
예수 그 이름을 선포함으로

나의 허물과 죄악이
나의 슬픔과 아픔이
나의 신음과 걱정이
나의 약함과 못남이
나의 무거운 십자가
이제 끝나리라
나의 임금과 하나님
예수 그 이름을 의지함으로

세상 유혹과 쾌락이
세상 거짓과 욕심이
세상 질병과 사망이
세상 저주와 공포가
세상 순간적 자랑이
이제 끝나리라
세상 만유의 주권자
예수 그 이름을 찬양함으로

<2천년 근래의 시>

2001년 7월 13일〈금〉

춤을 추는 사람들

춤 추는 사람은 아름답습니다
춤 추는 사람은 자기를 꾸미지도 않고
춤 추는 사람은 자신을 속이거나
춤 추는 사람은 자기를 감추지 않습니다
춤 추는 사람은 춤으로 노래하고
춤 추는 사람은 춤으로 기도하며
춤 추는 사람은 춤으로 시를 씁니다
춤 추는 사람은 가진 모든 것을 있는 그대로 보여 줍니다

모세가 홍해를 갈랐을 때
미리암은 너무나 기뻐서 춤을 추었습니다
춤은 승리의 찬양입니다
하나님의 법궤가 성소에 돌아올 때
다윗은 흥분하여 춤을 추었습니다
춤은 어린 아이의 마음입니다
주님이 예루살렘에 오셨을 때
무리가 어우러져 춤을 추었습니다
춤은 순수한 예배입니다
우리가 천국에서

황홀한 춤을 출 것입니다
춤은 하나님이 주신 행동입니다

신을 부르는 광기어린 춤과
문란한 퇴폐적인 춤과
무질서하고 의미 없는 춤 속에서
하나님의 복음으로 춤을 춥니다

〈2천년 근래의 글〉

2001년 9월 3일〈월〉

진실로

진실로 강한 사람은 자신의 능력을 드러내지 않습니다
진실로 있는 사람은 그 부요함을 나타내지 않습니다
진실로 힘 있는 사람은 자기의 약함을 인정합니다
진실로 많은 것을 가진 사람은 많이 가졌다고 말하지 않습니다
진실로 아름다운 사람은 자랑하지 않습니다
진실로 웃는 사람은 눈물을 흘리는 사람입니다
진실로 삶을 아는 사람은 죽음을 아는 사람입니다
진실로 가진 사람은 주는 사람입니다
진실로 고통을 모르고 아픔을 알지 못하는 사람보다
진실로 고난과 십자가를 아는 사람이 더 큽니다
진실로 일 하는 사람은 가만히 기다리고 기도하는 사람입니다
진실로 사랑하는 사람은 모든 것을 함께 하는 사람입니다
진실로 아픈 사람은 고통을 알지 못합니다
진실로 슬픈 사람은 올 수도 없습니다
진실로 가난한 사람은 그 가난함을 보지 못합니다
진실로 불쌍한 사람은 하나님의 버림을 입고 회복되지 못한
사람입니다
진실로 진실을 보는 사람은 진리 안에 거하는 사람입니다

〈2천년 근래의 글〉　2001년 9월 4일〈화〉

내가 나를

내가 나를 알지 못할 때
　　하나님은 나를 나보다 더 아시네
내가 나를 사랑하지 못할 때
　　하나님께서 나를 참 사랑하시네
　내가 나를 버리고 싶을 때
　　　나를 하나님이 잡으시네
　내가 나를 용서하지 못할 때
　　　하나님이 나를 참아 주시네
　내가 나를 부끄러워 할 때
　　　하나님이 나를 세워 회복하시네
　　내가 나를 어찌할 줄 모를 때
　　　하나님이 나를 붙드시네
내가 감당하지 못하는 나를 하나님이 품어 주시네

〈2천년 근래의 시〉

2001년 9월 5일〈수〉

주님이 오시는 길

주님이 오시는 길은
확실합니다
주님이 오시는 길은
아무도 막을 수 없습니다
주님이 오시는 길은
모든 것을 거두는 가을처럼
반드시 만날 것입니다
주님이 오시는 길은
누구든지 볼 것입니다
주님이 오시는 길은
세상이 알수 없고
신문과 뉴스 보도 없이
우리가 보게 될 것입니다
주님이 오시는 길은
선과 악을 밝히고
생명과 사망을 분리하는
심판이 있습니다

그리고
주님이 오시는 길은
천국과 지옥이 있으며
새 예루살렘과
황홀한 결혼식과
영원한 파티가 있습니다

〈2천년 근래의 글〉
2001년 10월 6일〈토〉

외로움

외로움은
　　홀로 서기가 아닙니다
친구가 떠나버린
　　　　빈자리보다
　　　　　　아무도 없는 공허함보다
　　　　　　　　더 크고 진한
　　　　　　　　　　외로움이 있습니다

외롭다는 것은
　　　　내가 할수 있는 모든 것을
　　　　　　　잃을 때입니다
수족을 움직이지 못하여
누군가의 도움을
받아야 하는
외로움은
　　십자가에 수족을 못 박으신
　　예수 그리스도의 외로움입니다

만민이 둘러 쌓고
　　　　온 천하를 준다한들
　　　　　　　그 외로움이
　　　　　　　　　달래지겠습니까
울고 울어도 슬픈 마음이
　　　　　가셔지질 않습니다
외로워도 외롭지 않는 것은
　　　　　　　외로울수록
　　　　　　　　주님이 가까이 계십니다
가난한 사람은
　　　돈이 없음이 아니며 가진 돈을
　　　　　　쓰지 못하는 사람입니다
작은 집과 초라한 그릇에도 풍성한 평안이 있고
　　　　　크고 넓은 집과 화려한 식탁 위에도
　　　　　　　채워지지 않는 가난함과 외로움이 있습니다
불행한 것은 모든 사람의
　　　　　외면이 아닙니다
하나님이 버리신 것입니다

〈2천년 근래의 글〉

2001년 11월 5일〈월〉

그가는 길

목사님의
그 가는 길은
모세의 광야처럼 항상 외롭습니다

홍해가 가로 막는 것처럼
그 가는 길은
평탄치 않습니다

그 가는 길은
세례 요한의 빈들처럼
아무도 모르는 그런 길입니다

많은 이들이 외면하고
여러 사람이 그를 떠나는
그 가는 길은
고독한 순례자의 길입니다

그러나
그 가는 길은

하나님이 인도하시리니
그 가는 길은
원수의 성문이 열리며
가로막는 홍해라 할찌라도
그 홍해가 갈라지고
여리고 성이 무너지는
역사가 일어날 것입니다

그 가는 길은
외롭고 메마른 빈들이라 하여도
무성한 나무가 있고
꽃 피고 샘이 흐르는
에덴 동산처럼 될 것입니다
그 가는 길은
하늘에 이어지며
하나님 보좌 앞에 이를 것입니다

〈2천년 근래의 글〉

2001년 11월 17일〈토〉

자선이 아닙니다

장애인을 돌아 보는 것은 자선이 아닙니다
장애인을 돌아봄은 섬김이며 봉사입니다
천국에서 할수 없는 유일한 행위는
섬김과 봉사일 것입니다
섬김과 봉사는 천사들이 우리에게
할 본분입니다

장애인을 돕는 일은 자선이 아닙니다
장애인을 돕는 일은 사랑의 행동입니다
자선을 해서 복을 바라는 마음은
장애인을 업신여기는 것입니다

없으면 없는 만큼 당당하고
있으면 있는 만큼 겸손해야 합니다

장애인을 우습게 보는 것은
장애인을 지으신 하나님을 우습게 보는 것이며
장애인을 무시하는 무관심은
자신 만만한 죄악이요

곧 그 대가를 치르게 될 것입니다
장애인은 타인의 십자가도 아니며
장애인은 자선의 대상이 아닙니다
장애인으로 세상이 편리해 지고
장애인을 통해 한걸음 더 발전합니다
장애인은 세상의 축복이고
장애인은 은혜의 사람들입니다

〈2천년 근래의 글〉

2001년 11월 18일〈주〉

와 줘서 고맙다

나는 1985년부터 십여년 동안 집회 활동을 강행하면서 목디스크를 얻어 몸은 더 약화가 진행되는 와중에서도 약속된 집회를 계속 다녔다.

여름이 지나고 초겨울이 되어 무성했던 나무가 앙상한 뼈대 위에 몇잎 남지 않은 잎새로 처량하게 있는 광경을 보며 세상이 그렇게도 적막할 수가 없었다.

오른쪽 다리는 돌처럼, 쇳덩이를 붙여 놓은 것처럼 움직여지질 않고 양쪽 팔목과 손은 감전 상태가 쉬지 않는 형편으로 약속된 교회 집회를 가는 것은 죽기보다 싫었고 그렇게 심난했다

그러나 그런 투정했던 탓으로 이런 채찍질을 당하는 것일까?...해서 약속된 곳만 가기로 하고 어느 주일 저녁에도 그렇게 겨우 몸을 추슬러서 한 시간 정도를 달려가 작은 식당에서 설렁탕 한 그릇으로 추위와 허기를 달래려 했으나 반그릇도 먹지 못한 채 찾아간 교회는 너무나 허름한 건물 지하에 있었다.

별 하나도 보이지 않는 캄캄한 하늘에 그 구석방 교회 빨간 네온 십자가가 외로이 빛을 비추고 스산한 바람에 낙엽은 흩날리고 내 몸은 쇠약해져 있는 그 모든 처지가 너무나 가련하고 서글퍼서 목이 메어왔다.

"그래! 가자! 내가 이런 데를 안오면 누가 오냐!"
하고 마음을 달랬다.
예전 같았으면
"개척 교회에서 왜 성치도 못한 나를 불러서 고생을 시켜?"
한바탕 화를 내며 억지로 끌려들어 갔을 텐데 나는 아프고 가
난해진 심정으로 하늘을 쳐다 보았다.
"알겠습니다. 갑니다!"
설음을 삭히며 교회안으로 들어가려는데
"와 줘서 고맙다!"
주님이 갑자가 말씀하셨다.
나는 너무 놀라고 당황해서 그 말씀만 골똘히 생각하느라 메
시지를 제대로 전하질 못했는데도 목사님과 성도들이 용기와
은혜 받았다며 나를 전송해 주었다.
난 차안에서 주님의 그 음성을 부모님과 말하며 감격스럽고
신기해 했다.
하나님이 아무에게도 고맙다고 해 주신 사람이 없는데 너무
황송하고 영광스러웠지만 어둠 속에서 차창에 비추인 내 모습
을 보면서 오죽이나 그런 곳을 가기 싫어하고 피했으면 그런
말씀을 하셨을까?... 그 정도로 내 자신이 형편없고 한심해 보
이기 시작해서 한없이 민망하고 죄송스러워 졌다.

〈2천년의 근래의 글, 투병과정 기록2〉
2001년 3월 16일〈금〉

나를 만나는 친구들은

나를 만나는 친구들은
시를 씁니다
글을 다들 잘 쓰게 되고
말을 잘 하고
감동을 전해 주는
시인이 됩니다

나를 만나는 친구들은
장애인을 사랑합니다
장애인의 삶을 알고
사람을 차별하지 않습니다

나를 만나는 친구들은
당당하고 멋진 사람들입니다
닥쳐오는 고난 속에도 굴하지 않는
믿음의 사람들입니다

나를 만나는 친구들은
모두 예수님의 제자들입니다

헌신을 결단하고
십자가를 자처하는
이들이 많습니다

나를 만나는 친구들은
기도를 잘 하고
찬양을 좋아하며
무엇보다 사랑을 좋아하는
사랑스런 나의 친구들입니다

〈2천년 근래의 글〉

2002년 1월 25일〈금〉

나는 황제보다 하인이 부럽습니다

나는 섬김을 받는 황제보다
섬기는 하인이 더 부럽습니다

나는 예쁜 공주가 되기보다
구박을 받아도 말괄량이가 되고 싶습니다

나는 왕비의 가마보다
걸어 다니는 평인의 다리가 더 좋습니다

나는 최고의 VIP 대우를 받는 인기 스타보다
모든 것을 스스로 하는 사람이고 싶습니다

나는 지성인의 지식보다
시인의 남다른 감각보다
노동자의 건강함이 부러우며
봉사자의 손길을 갖고 싶습니다

무엇보다 기도하는 무릎과
손을 높이 들고 뛰면서

하나님을 향해 찬양하는 것을 원합니다

그러나 나는 원치 않는 공주가 되어
다른 사람의 섬김과 도움을 받아야 하는
사람이 되었습니다

쇼인도우의 마네킹처럼
나는 꼼짝 못하여
사람들이 나를 들고 가야 움직이고
누가 원하는 것을 가져다 줘야 잡을 수 있으며
날마다 관장약을 넣어야 볼일을 보고
이불도 무거워 덮을 수 없는 처지입니다

그렇지만... 최선을 다하는 것이
나의 일이기에 ... 죽을 힘을 다해 살겠습니다

〈2천년 근래의 글〉

2002년 2월 1일〈금〉

너는 아느냐

내가 너를 얼마나 사랑하는지
너는 아느냐
내가 너를 얼마나 좋아하는지
너는 아느냐
내가 너를 얼마나 기다렸는지
너는 아느냐
내가 너를 살리려
나의 생명을 주었고
내가 너의 수치를 씻으려
나의 영광을 버린 것을
너는 아느냐
나의 은혜를 얼마나 알며
내 사랑의 노래를
너는 아느냐

〈시10집〉

세상에 있는 자기 사람들을 사랑하시되 끝까지 사랑하시니라〈요13:1〉

하나님의 사랑을 내가 잊었더니

하나님의 사랑을 내가 잊었더니
하나님이 나를 사랑하시고 다시 사랑하시네

하나님의 사랑에서 내가 떠나 있을 때
하나님의 사랑이 나를 붙잡으시며 나를 더욱 사랑하시네

나는 그 사랑을 잊어 버려도 그는 나를 잊지 않으시고
나는 그 사랑을 떠나도 그 사랑은 나를 변함 없이 잡으시네

〈시13집〉

내 영혼아 여호와를 송축하며 그 모든 은택을 잊지 말지어다〈시103:2〉

그래도

네가 나를 떠나가도
그래도 나는 너를 떠나지 아니하며

네가 나를 버려도
그래도 나는 너를 버리지 아니하리라

네가 나를 사랑하지 않아도
그래도 나는 너를 사랑하며

네가 지은 죄 많으나
그래도 나는 너를 용서하리라

네가 천하고 미련하나
그래도 나는 너를 받으리라

〈시13집〉

우리는 다 양 같아서 그릇 행하여 각기 제 길로 갔거늘…〈사53:6상〉
… 세상에 있는 자기 사람들을 사랑하시되 끝까지 사랑하시니라〈요13:1〉

아니하면

무엇을 먹을까 아니하면
하나님이 좋은 것으로 먹이시리라
무엇을 마실까 아니하면
하나님이 넉넉하게 채워 주시리라
무엇을 입을까 아니하면
하나님이 귀한 것으로 입히시리라
내일을 염려치 아니하면
하나님이 영원한 것까지 책임지시리라
죽음을 무서워 아니하면
하나님이 세상 끝날까지 지키시리라
자기를 높이지 아니하면
하나님이 자기의 우편에 세우시리라

〈시5집〉

무엇을 먹을까 무엇을 마실까 무엇을 입을까 하지 말라〈마6:31〉

내 주님과 내가

내가 아무리 많이 울었다 하여도
내 주님이 우신 눈물에 비하면
나는 울지 아니하였네
내가 아무리 고통을 당했어도
내 주님의 고통에
비할 수 없네
내가 지고 있는 십자가 아무리 무거워도
내 주님이 지신 십자가 생각하면
아무 것도 아니네

내 주님 상처에
내 상처 묻으며
내 주님 아프신 가슴에
내 아픔을 달래리라

내 주님 십자가
나도 사랑하며
내 주님 가시관을
나도 쓰리라

내 주님과 내가 주고
내 주님과 내가 살리라

〈시13집〉

그는 육체에 계실 때에... 심한 통곡과 눈물로 간구와 소원을 올렸고...〈히5:7하〉

하나님이 나를

공중의 나는 새를
　　먹이시는 하나님이
　　　　공중의 나는 새 같은 나를
　　　　　　염려 없이 먹이시리라

말없이 피는 꽃을
　　입히시는 하나님이
　　　　말없이 피는 꽃처럼 나를
　　　　　　아름답게 입히시리라

〈시7집〉

너희 천부께서 기르시나니 너희는 이것들 보다 귀하지 아니하냐〈마6:26〉

제 6 부

기독신문 연재
기도문

빈들에 있습니다

하나님
지금 우리는
빈들에 있습니다

아무도 없는
외롭고 쓸쓸한 빈들에서
누가 우리를 도울 수가 있겠습니까

나뭇잎은 다 떨어지고
그렇게도 풍성했던 들녘은
과거의 그림자일 뿐입니다

지난 과거의 추억이
우리를 더욱 힘들고
외롭게 만듭니다

그러나
이제는 과거를
보지 말게 하소서

현실의 빈들에서
일어날 수 있는
하나님의 크신
능력을 주옵소서

"너희가 무엇을 보려고
광야에 나갔더냐" 마11:7

빈들에서 우리는
무엇을 볼 수가 있습니까

하나님의 은혜가 아니면
버텨나갈 수 없나이다

외롭고 힘든
우리에게 함께 하소서

엊그제는 눈이 왔습니다
왠지 포근한 느낌을 받았습니다

길고도 추운 겨울을
힘겹게 지낼 외로운 사람들을
품에 안아 주시고 감싸주시옵소서

그래서
얼어붙은 그늘진
곳이 없게 하소서

기독신문 연재 기고한 글
1998. 11. 26. 목

노숙자로 오신 아기 예수님

라면 하나로 세 사람이 끼니를 떼우고
추위와 배고픔을 안고
이리 저리 방황하는
노숙자 가족을 보면서
"얼마나 추울까?
얼마나 배고플까?"
가슴이 아팠습니다

그러면서 어느 날 새벽에
노숙자로 오신
아기 예수님이 떠올랐습니다

정말 그랬습니다

**"맏아들을 낳아 강보로 싸서 구유에 뉘었으니
이는 사관에 있을 곳이 없음이러라"**눅2:7

한 젊은 부부가 숙소를 찾았지만 그들에게 따뜻한 방
하나 빌려줄 사람이 없어서
그들은 길거리를 헤매였고
마침 그 아내는 임산부였습니다

하마터면 길에서 아기를 낳을 뻔 했는데
숙소를 찾다 찾다 마구간에 가서
아이를 낳았던 쓸쓸한 그 노숙자 가족!
그 이야기가 바로 크리스마스 스토리입니다

우리에게도 오늘날
노숙자 가족들이 많이 있습니다

과연 그들은 이 추운 겨울날
어디서 잠을 잘 수가 있나이까

하나님 우리 교회들과
성도들의 마음을 감동시켜 주옵소서

노숙자들을 이 겨울 만이라도
따뜻하게 재워 줄 수 있게 하옵소서

거기에 따르는 문제가 많겠으나
사람이 죽어 가는 것보다는 문제가 될 수 없사오니
노숙인들을 버리지 말게 하옵소서

저들이 얼어 죽는다면
그 심판은 누구의 몫이 되겠습니까

예수님을 영접하듯이
그들을 떳떳하게 받아주는 한국 교회가 되게 하소서

기독신문 연재 기고한 글   1998.11.26.목

처음과 끝

"천하에 범사가 기한이 있고
모든 목적이 이를 때가 있나니" 전3:1

한 해가 끝나갑니다

시작할 때가 있더니
끝나는 시간이 되었습니다

이와 같이 모든 것은
때가 있습니다

우리가 가만히 머물러 서 있어도
지구는 계속 돌고 있습니다

우리가 가만히 있어도
주님께로 가고 있습니다

우리의 고난도 끝날 때가 있고
우리의 즐거운 춤도 멈출 때가 있습니다

우리에게 만날 때가 있으면
헤어질 때도 있습니다

우리는 나그네입니다
하나님은 영원하십니다

우리를 돌아보시옵소서
가련하고 힘없는 우리를 지켜주옵소서

내년에 무슨 일을 만날는지
알수 없는 약한 인생입니다

처음과 나중이신
주님 안에 있으면
무서울 게 뭐가 있겠습니까

주님 안에 있다는
믿음을 우리에게 주옵소서

그리고 모든 것이 시작하는 때와
끝나는 때가 있다는 것을 기억하게 하셔서
모든 일에 신중하고 적극적이고,
그러나 거기에 너무 빠져 들지 말게 하소서

영존하신 하나님만을
바라보게 하옵소서

기독신문 연재 기고한 글

1998. 11. 26. 목

제 7 부

노트북으로 만 3년만에 쓴
시와 글들

위로

밤이 깊으면 아침은 더 밝아지네
말할 수 없는 고통 속에서 시달릴 때
주가 말씀하시네
나 너를 절대로 버리지 않아

아무도 없는 빈들에 던져져 외로워 할 그 때
주의 음성이 들리네
나 너를 영원히 떠나지 않아

혹독한 절망에 눌려 살 소망 잃을 때
고통이 크면 클수록
하나님의 위로가 크리라

극한 슬픔에 잠겨도 쓰러지지 않으리니
하나님의 위로가 넘치리라

〈2천대 근래의 시〉

하나님의 위로는 그때그때 따라 달래주는 단순한 의미라기보다 때마다
공급받는 필요한 힘이며 하나님의 절대적인 말씀에 대한 믿음을 뜻한다
2000년 5월 21일〈주〉

공평하신 하나님

· 초판 1쇄 발행 2006년 2월 06일
· 개정 1판 2쇄 발행 2021년 11월 5일

· 지은이 송명희
· 펴낸이 민상기 · 편집장 이숙희 · 펴낸곳 도서출판 드림북
· 등록번호 제 65 호 · 등록일자 2002. 11. 25.
· 경기도 양주시 광적면 부흥로847 양주테크노시티 422호
· Tel (031)829-7722, Fax(031)829-7723

· 책번호 08
· 잘못된 책은 교환해 드립니다.
· 이 출판물은 저작권법에 의해 보호를 받는 저작물이므로 무단 복제할 수 없습니다.